H 1620

LA DEFFAICTE DE DIX-NEVF MINISTRES, ET LEVRS despoüilles mises aux pieds du Roy,

Par Maistre François Veron, Professeur en Theologie,

Selon sa nouuelle maniere de combattre tous les Ministres, par la seule Bible.

A PARIS,
De l'Imprimerie de MATTHIEV LE BLANC, demeurant rue du Paon, à l'enseigne du Paon prés la porte sainct Victor.

M. DC. XX.

Les noms de dix-neuf Ministres vaincus en dix Conferences.

1. *De Beaulieu le plus antien Ministre de toute la France, mis en fuitte.*
2. *Chorin Ministre de Limay lez Mante.*
3. & 4. *Rossel, & Putrus Ministres de Xaintes.*
5. & 6. *Merlin & Lommeau Ministres de la Rochelle.*
7. & 8. *Pierre Richer de Vandelincour, & Zacharie Chabotelaye Ministres de Brouage, & Marennes.*
9. *Riuet Ministre de Taillebourg.*
10. *Thoulouse Ministre de S. Iust.*
11. *Papin Ministre de la Tramblade.*
12. *La Taille Ministre de S. Denys de l'Isle d'Oleró.*
13. *Guillelmy Ministre de sainct Pierre d'Oleron.*
14. *Hierosme Petit Ministre du Chasteau de ladite Isle.*
15. *Chazé Ministre de S. Iean d'Angle.*
16. *Chesneau Ministre de Soubise.*
17. *Guyot Ministre de Modyse.*
18. *Raclet Ministre de Nieul, & plusieurs autres, comme celuy de Saugon.*
19. *Du Moulin honteusement enfuy.*

Indice des cayers presentez au Roy.

1. *La Chasse & confusion generale des Ministres de Xaintonge.*
2. *Attestations de ces victoires, de Monseigneur de Potonuille Lieutenant General pour le Roy au Gouuernement de Brouage, de Monseigneur l'Euesque, de Messieurs du Chapitre & de messieurs du Presidial de Xaintes, au Roy & à son Conseil.*
3. *Fuite de Beaulieu.* 4. *Conference auec Chorin.*

AV ROY.

SIRE,

Ie mets aux pieds de V. M. les despouilles de dixneuf Ministres, & les trophees de la verité, desquels on m'a chargé retournant de la guerre, nouuellement dans le Vexin, & peu auparauant par tout le Xaintonge: où ie me suis transporté exprés à mes propres despens, non à autre dessein, que pour y confondre l'erreur, choisissant ceste prouince seulement pource que ie sçauois que i'y trouuerois plus de Ministres: que i'ay tous combattus, specialement tous ceux du Gouuernement de Brouage, les allant tous trouuer aux villes & bourgs où ils residoient, & suis resolu de faire semblables exploicts, auec le bon plaisir de V. M. & mission legitime des Prelats, d'annee en annee, en toutes les Prouinces de la France plus gastees d'heresie, tousiours à la mesme maniere, y employant mon patrimoine, pendãt que l'ame me battera au corps, i'espere auec pareilles victoires, pour la gloire de l'Eglise que ses ennemis ternissent, pour le salut de tant de milliers d'ames qui se perdent faute de secours principalement dans ces lieux esloignez & en la plate campagne grandement abandonnee, & pour le seruice de V. M. peu obeye des rebelles de l'Eglise. Ie viens, SIRE, de faire fuir honteusement le plus ancien Ministre de vostre Royaume, nommé de Beaulieu, contemporin de Caluin, corriual de Beze, tenant rang de Capitaine en cest ost rebelle, (i'entens de Ministre) il y a pres de soixante ans: maintenãt Ministre d'Auerne au Vexin: l'armee est mal en ordre quand le plus vieil Capitaine s'enfuit. Ie viens de faire ployer sous les armes de la verité son Gendre Ministre de Limay lez Mante, apres vn combat de neuf heures, & puis le faire fuir à la veue des principaux de Mante. Ie viens de la desfaite de seize Ministres de Xaintonge & de la Rochelle, & mettre en fuite tous les autres,

& en confusion tous les Consistoires, Anciens, & surueillans, & toute l'armee coniuree contre l'Eglise Catholique en tout le Xaintongeois, presentant aux Chefs le combat dans leurs propres tentes & pauillons en presence de toute l'assemblee conuoquee au Presche: & sur le refus qu'ils faisoient de combattre, si honteusement qu'aucunes fois ils m'abandonnoient leur Temple, ie conduisois toutes leurs compagnies effarees auec les Anciens & Surueillans, soubs les halles, où ie leur expliquois amplement mes intentions, le contenu de mes Theses, & la faute de leur rebellion contre l'Eglise, leur faisant voir qu'il n'y auoit vn seul texte en la Bible pour eux, & que les Ministres de leur perte y auoiẽt frauduleusemẽt adiousté les mots principaux & essentiels sur lesquels ils fondent les principaux articles de leur irreligion, ne me seruant pour tout cela que de leurs propres Bibles, & les conuians charitablement de reprendre leurs rangs dans l'armee Catholique. I'ay fait cela par tout le Xaintonge, & specialement par toutes les villes & bourgs du gouuernement de Brouage, en presence de plus de trente ou quarente mille personnes de ces compagnies reuoltees : & par ces exercices ay perdu d'honneur & de credit tous les Ministres, abaissé grandement l'opinion que leurs partissans auoient de leur religion, planté de grands doubtes en plusieurs milliers, reduit les autres à l'armee Catholique, confirmé ceux de l'Eglise, asseuré vn grand nombre de branslans en la foy, bref glorifié Dieu, honoré l'Eglise, seruy V. M. mesme au bien de son Estat, le repos & gloire duquel est inseparablemẽt conioinct auec le repos & la gloire de l'Eglise Catholique: Et ay fait le tout procedant auec tãt d'humilité & douceur, que tant s'en faut que le repos public que V. M. cõmande par ses Edicts ayt esté troublé, qu'il n'y a eu ny mesme aucune plainte formee contre moy par les parties aduerses. Ie presente à V. M. les lettres & seings affidez de Monseigneur de Potonuille Lieutenant General pour V. M. au gouuernement de Brouage (car Monseigneur de S. Luc Gouuerneur estoit absent) de Monseigneur l'E-

nesque, de Messieurs du venerable Chapitre de l'Eglise Cathedrale, & de Mrs. du Presidial de Xaintes adressees à V. M, & à son Conseil, qui rendent tesmoignage de ces victoires, sans trouble du repos public, & leur ardent desir que ie retourne bien tost à ces combats, si vtiles qu'ils disent qu'ils en espereroient la conuersion entiere du pays si i'y continuois. Vostre zéle, SIRE, *vous fera aggreer l'offre de ces trophees, c'est pourquoy Ie vous les presente. Vos exploicts miraculeux dans la Souueraineté de Bearn en faueur de l'Eglise Catholique, vous acquierent, ô grand Monarque, ceste Eloge donné à vn grand Empereur, de* Roy Apostre, *qui conuertissez plus de desuoyez, & regagnez plus de soldats, de Capitaines, & de compagnies entieres à l'armee Catholique, que ne fait aucun de tous ceux qui tiennent rang de Colonels, ou sont en quelque autre grade, en celle que l'Escriture appelle terrible comme vne armée rangée; pour cela & pour plusieurs autres raisons ces despouilles vous sont deues. Ie ne vous en presente qu'vn recit abbre-*

ge ; si vous tesmoignez en auoir eu la veuë aggreable, ie vous en feray le narré entier, marquant selon l'ordre des temps & des lieux, ce que i'ay fait à la Rochelle, à sainct Iean d'Angely, à Xaintes, à Marennes, en Oleron, à Subize, & és autres lieux.

Ie prendray de plus la hardiesse de faire vne proposition à V. M. & à Mrs. de vostre Conseil grandemẽt vtile à l'Eglise & à l'Estat. C'est qu'il plaise à V. M. aggreer que sous vostre authorité Royale, & prenãt la missiõ des Prelats, nous nous associons vingt ou trente pour combattre toutes les bandes desbãdées en toutes les Prouinces de la France, à la maniere que i'ay commencé ceste annee au Xaintonge. I'oseray dire auec tous les plus sensez de ceste Prouince, que si nous continuions sept ou huict ans en ces combats, sans doute nous ferions rendre à mercy tout le camp ennemy, reduisans tous les errans à l'Eglise Catholique ; si grand a esté l'esbranlement qu'ont causé ces courses que i'ay faictes par tout le Xaintonge, l'espace de neuf moys, ne demeurant que huict ou dix iours en chaque lieu, & au combat de chaque bande. Certainemēt cela aumoins leur oste le zele de leur Religion, & leur en faict douter: grand acheminement à la cognoissance entiere de la verité: & ce faisant leur fait tomber les armes des mains, & les rend obeyssans à V. M. Car iamais on ne prend les armes pour vne Religion de laquelle on doute, ce seroit donc vn grand bien mesme pour l'Estat. Ie feray ceste proposition plus amplement à V. M. & à son Conseil, quand elle aura recogneu en ces cayers & attestations que ie luy presente, le grand bien qui est procedé de ces premieres courses, & qu'elles ont esté exemptes de tout trouble, mesme sans plainte de la part des attaquez. L'entreprise sembleroit temeraire si ie ne donnois quelque gage qui oblige d'en esperer quelque bon fruict: on ne sçauroit donner plus forte preuue, qu'vne chose soit faisable, ny du moyen de la faire, que d'en monstrer l'essay. Ce dessein ne peut qu'il n'apporte vn grand bien à la Religion & à l'Estat; & n'en peut naistre aucun inconuenient: il est *ſans deſpenſes ; & eſt facile à executer, aumoins à tenter. Ie m'offre à faire vne Academie en ceſte ville, en laquelle en trois ſepmaines ie rendray tout homme qui aye vn peu d'eſprit, capable de combattre toute ſorte de Miniſtres auec aſſeurance de victoire comme i'ay faict à Mante & au Xaintonge, & feray à Paris ſi le fayard du Moulin oſe iamais entrer dans les barrieres. I'auois ia commencé ceſte Academie, nous eſtions ia deux cent, chacun s'eſtonant de ſe voir en peu de iours ſi fort & vaillant. Ie n'oſay la continuer de peur de donner ſubiet de plainte à aucun. Ie la recommenceray volontiers ſi V. M. l'aggrée : bon commencement de ce ſi haut deſſein : auquel ie deuouë ma vie au ſeruice de mon Dieu, de ma Religion, & de mon Roy, comme*

De V. M.

Le tres-humble, treſobeyſſant, & tres fidele ſeruiteur & ſubjet,

FRANÇOIS VERON.

A MESSIEVRS DE MANTE.

MESSIEVRS,

Ie presente au Roy la chasse que i'ay donee au Ministre de Limay en vostre presence. Ce tres-Catholique Monarque, vray fils aisné de l'Eglise, tres-zelé de l'honneur de sa tres-honoree Mere que ses ennemys chargent de crimes enormes, sçauoir *de toutes superstitions & Idolatries, & d'auoir corrompu ou aneanti du tout les sacremens*, prend vn singulier plaisir en ces victoires. Vous en auez eu le premier contentement, & recueilly les premiers fruicts. Ie vous produis au Roy pour tesmoins oculaires & auriculaires de la verité de ces actes & de la fuite derniere du Ministre, que vous auez soubz signee par acte public duquel ie vous requis : fuite autant honteuse que celle de son beau-Pere le Ministre de Beaulieu. Si ces Anthees fils de la terre ia tombez en vostre presence, sous les armes victorieuses de Monseigneur l'Archeuesque de Roüen, tres-docte Prelat, auoient repris quelque soufle de vie, ie croy le leur auoir esteint en ce combat dernier. C'est vostre sage iugement, qui disiez tous à la fin d'iceluy, que la verité auoit rẽporté vne victoire si sensible & euidente à vn chacun mesme du simple peuple, *par la seule Bibl.*, sans meslange d'aucune subtilité de philosophie, ou Theologie scolastique, de langues incogneues, & semblables choses esloignees de la veuë du peuple, que sans doubte ceux qui d'oresenauant voudroient suyure ces fantasies, seront la mocquerie & risee d'vn chascun, & estimez manequer de iugement. M'ayant ouy vous expliquant en chaire, les preceptes de ceste *methode nouuelle de combattre les Ministres*, & puis les practiquãt si heureusement en ceste conference, vous disiez tous qu'à l'auenir vous pourrez facilement, & auec asseurance de victoire, conuaincre d'erreur les Ministres & les autres abusez, en tout point qu'ils voudroient traitter; si facile & si solide ensemble est ceste methode, qu'elle rend vn chacun capable de glorifier la verité: ce n'est pas vn petit fruict de ceste Conference: mais le principal a esté la gloire qu'en a remporté l'Eglise, la confirmation des Catholiques, la desroute du Ministre, & la confusion de ceste Religion nouuelle, laquelle, selon vostre iugement, semble estre par là enseuelie à Mante, la semence ne germe pas aussi tost qu'elle est iettee en terre, les conuersions ne se font pas sur le champ en ces entreueuës: Neantmoins quelque homme d'hôneur m'a dit qu'vn des principaux de ceux qui assistoient le Ministre, luy a reproché qu'il l'auoit trompé l'espace de plusieurs annees, & qu'il n'iroit iamais au Presche, l'on m'escrit d'autre part, qu'vn Gentilhomme sur ce subiect s'est conuerty vous disiez tous apres la fuitte du

Ministre que vous esperiez qu'il en naistroit vn grand bien. Si ce Ministre, & sõ beau Pere de Beaulieu, faschez de se voir presentez au Roy si pleins de confusion, veulent pour recouurer leur honneur & de leur Religion, & pour r'asseurer le petit troupeau effaré, se r'allier, & appeller à leur secours quelques autres Ministres i'iray, expres où ils voudront pour les combatre derechef: & m'oblige par ce cayer imprimé à quiconque le lira, s'il peut engager au combat les Ministres de Charenton, aussi fuyarts que leur Capiaine du Moulin, de leur faire confesser & à leur chef du Moulin si on me le peut faire entrer dans les barrieres, ce que que i'ay fait recognoistre au Ministre Chorin, promettant (pour leur donner cest aduantage, & du temps pour apprendre à parer aux coups) de ne leur tirer que les mesmes coups que i'ay porté dans le cœur de l'erreur en la personne de Chorin. Vous deuez, Messieurs, le bien naissant de ce combat, à la vigilance de Monseigneur l'Archeuesque de Rouen qui m'a enuoyé combattre ces deux Minstres demeurans en son Diocese; & à l'affection de Monsieur Rousseau Promoteur de Monseigneur le Cardinal de Rets, & Curé de S. Pierre des Arcis à Paris, vostre concitoyen, qui me voyant retourner de Villiers le Bel pour semblable occasion, me pria le premier de tourner ces armes contre le pauure Chorin; & m'obligea me donnant par là occasion de vous tesmoigner que ie suis,

MESSIEVRS,

Vostre bien humble seruiteur,

FRANÇOIS VERON.

L'ERREVR ENSEPVELY, A MANTE.

Sommaire de ceste Conference.

I'ENGAGEAY le Ministre au combat, luy offrant le cartel d'vn deffy charitable au sortir de son Presche, puis à la porte de sa maison, en presence de tous ceux de son party, & de plusieurs Catholiques; Ie ne peux par autre voye faire entrer dans les barrieres les Ministres, tant ils craignent ceste methode nouuelle de les combattre.

1. Ie pressay le Ministre depuis la page 1. iusques à la 7. de confesser qu'il ne pouuoit prouuer *sa manducation par foy en sa Cene*, par texte expres de la Bible, mais seulement par cõsequence que son esprit humain, & partant fautif, forme : ce qu'il confessa en fin en la page 7. apres auoir enduré la question ordinaire & extraordinaire, l'espace de trois heures pour ne confesser pas cela.

2. Depuis la page 7. iusques à la 10. Ie donnay la gehenne audit Ministre pour confesser le semblable du second poinct

Le gehenné l'espace de cinq heures tascha par huict refuites, de ne recognoistre ceste verité; mais en fin il la confessa en la pa.19.

3. Ce qui est contenu en la page 20. monstre que le Ministre ne peut prouuer vn seul article de toute sa confession de foy contre nous, autrement que par lesdites consequences.

4. Ie conuainquis le Ministre depuis la pag 21. iusques à 31. que toutes lesdites cõsequences alleguees par luy pour les deux poincts de sa Cene, & toutes les autres qu'il pourroit produire pour quelque article que ce fust de sa confession de foy contre nous, auoient quatre defaux que ie representay en la pag. 21. chacun desquels pris separement, rend toutes lesdites consequences insuffisantes pour fonder vn article de foy ou reformation; sçauoir 1. que le Ministre ne nous pouuoit donner asseurance de la part de Dieu d'aucune d'icelles qu'elle fust bonne, mais seulement de la part des hommes, qu'il recognoissoit estre fautifs: le Ministre aduoüa ce premier defaut en la pag. 27. 2. pour ce que toutes lesdites consequences estoient fautiues. 3. Qu'il ne nous pouuoit donner l'Escriture pour Iuge d'aucune, ny partant de l'article controuersé. 4. Qu'il ne s'en trouuoit aucune dans l'Escriture, mais

seulement dans le cinquiesme Euangile des consequences ministrales. Dequoy ie le conuainquis en la pag. 31. Et de tout cela ie conclus en la pag. 32. la nullité de sa Cene, & de toute sa confession de foy contre nous.

V. Au second iour de la Conference, icelle n'ayant pas encore duré vne demy heure, le Ministre me voyant prest, les liures ouuerts, de faire que l'Eglise Vniuerselle, & les SS. Peres des 4. premiers siecles prouuassent la saincte Messe par plusieurs textes de la saincte Bible, effroyé par ceste grande authorité, il s'enfuit auãt le choc, à la veuë d'vn chacun. La compagnie Catholique iugea plus glorieux de de le laisser fuir, que de luy faire de nouueaux passedroicts, & luy permettre qu'on passast sous silence le poinct *de la realité en l'Eucharistie*, pour venir à autre chose : & me donna acte de la fuitte du Ministre. Le tout est contenu depuis la page 34. iusques à la fin.

Ie marque à la marge de ceste Conference les preceptes & prattique de ceste methode nouuelle de combattre les Ministres, pour seruir de modelle à plusieurs, sur lequel chascun peut remporter semblable victoire en tout poinct duquel on traittera.

Brief recit des victoires de la verité Catholique contre tous les Ministres, Xaintongeois,

Par M. François Veron Professeur en Theologie,

Contenu en l'attestation du venerable Chapitre de l'Eglise Cathedrale de Xaintes.

NOus soubsignez Doyen, Chanoines, & Chapitre de l'Eglise Cathedrale de Xaintes, tesmoignons que Monsieur Veron, Professeur en Theologie, venu expres de Paris en ceste Prouince pour ayder à extirper l'heresie de laquelle elle est sur toutes autres infectee, & pour confirmer les Catholiques, s'y est vtilement employé tant en ceste ville qu'en vn grand nombre de villes & bourgs des plus gastez de ceste contagion, ausquels il s'est transporté, où il a attaqué tous les Ministres desdits lieux, specialement tous ceux du gouuernement de Broüage, qu'il alloit trouuer en leurs presches & propres maisons, ne les pouuant attirer au combat par autres voyes, & les a tous vaincus en diuerses Conferences reglees, ou faict honteusement fuyr; à presché non seulement aux Catholiques és Eglises tres-pieusement, mais és halles & autres lieux publics des controuerses, ou presque tous les Huguenots des lieux auec leurs Ministres qui ne vouloiët venir aux Eglises, l'ont ordinairement ouy, faisant recognoistre à vn chacun, nous presens, par vne *methode nouuelle tres-facile & solide,* qu'ils *n'auoient aucun texte expres en l'Escriture saincte, n'y aucune consequence suffisante pour aucun article de leur Religion pretenduë Reformee, & qu'ils auoient adiousté, diminué & changé en la saincte Bible, les mots principaux, sur lesquels ils fondent leur reformation pretenduë, ce qu'il a faict voir par un moyen nouueau & visible à tout le peuple, sçauoir est, par la contrarieté des seules Bibles Geneuoises en François;* maniere tres-fructueuse & solide pour renuerser l'erreur; a faict imprimer à diuerses fois des liures tres-vtiles contenans ces defauts, & changements, ses conferences, & sa methode de rendre les Ministres muets ou autres subiects pareils: Il a tenu Accademie de ceste methode, mesme en ceste ville, où nous auons assisté, specialemẽt plusieurs de nous que

Dieu a honoré du degré de Docteur en Theologie, & ausquels il a fait la grace de prescher, auec vn singulier contentement & approbation, tant de ses doctes & pieuses predications, que de ceste nouuelle methode que nous auons iugee tres-efficace: A estably en plusieurs lieux des Congregations des Catholiques, pour la defence de la foy, & Contreconsistoires: il a presché continuellement en tout temps & à toute occasion, & doctement & auec beaucoup de ressentiment, de deuotion: & le tout sans qu'il y ait eu aucun tumulte, ny inconuenient contre le repos public: & à tousiours voulu faire ce que dessus à ses propres frais sans vouloir accepter aucune recompense: s'est comporté en toutes ses actions, paroles & conuersations tres-pieusement, celebrant iournellement la S. Messe, exhortant vn chacun à la pieté. Nous auons recogneu & loüé sa grande doctrine en ses predications qu'auons ouy en ceste ville où il a esté grandement suiuy d'vn chacun, son humilité, son zele & courage, voyant vn hôme d'vn tel sçauoir aller par les bourgs & villages prescher si volontairement, prenant tant de peine, & si perseueramment, infatigable en ses trauaux, prest à toutes occasions de glorifier l'Eglise, &

seruir au salut d'vn chacun, nõ moins des pauures que des riches; son ardeur s'exposant au peril de sa vie aux lieux les plus infectez d'heresie; sa patience supportant les calomnies semees par les parties aduerses, outrées de douleur du coup mortel qu'il donnoit au cœur de l'heresie: Bref il a mené vne vie vrayement Apostolique, durant l'espace de huict mois, pendant lesquels il a demeuré en ce diocese: Parquoy il a grandement aydé les Catholiques, confirmé les branslans, & outre les conuersions particulieres a grandement estonné & esbranlé tout le party Huguenot, raualle & abaissé tous les Ministres, desquels il est deuenu l'effroy & la terreur generalle, chascun s'enfuyant de deuant luy; & de plus a stilé vn grand nõbre d'Ecclesiastiques, Curez des champs, & aussi plusieurs laiques, mesme le commun peuple, és villes & bourgs, à sçauoir conuaincre d'erreur les desuoyez, & se deffendre contre leurs attacques: Partant comme il a esté grandement calomnié des parties aduerses, aussi a-il esté singulierement aymé & loüé de tous les Catholiques, & specialement remercié en plein Synode par tout le corps du Clergé, de si bonnes œuures, le priant d'y continuer à l'honneur de Dieu & salut des ames, but vnique de ses trauaux: pour lesquelles fins nous particulierement l'auons tousiours chery, honoré, assisté en toutes ses loüables actions, auec offre de tout ce qui est en nostre pouuoir, & le prions de continuer ce qu'il a si bien commencé. Et d'autant qu'il est pressé de faire vn voyage à Paris, nous le prions tous en general, & specialement ceux qui de nostre corps long temps y a combattent par leurs Predications & autres voyes l'heresie, si enracinee en ce diocese, de retourner au plustost, ce que nous sçauons estre aussi generalement souhaitté de tous les Catholiques. Et pour ce que nous sçauons que les parties aduerses voudroient noircir sa reputation, nous luy auons donné ce tesmoignage, le soubsignant de nos seings, & le seellant du seel de nostre Chapitre. Faict à Xainctes en nostre assemblee Capitulaire, ce 22. May, 1620.

Signé en l'Original,

IEhan de Cerisay Doyen. G. de Cerisay Archidiacre de Xaintonge, Charles Blanchard Chantre & Chanoine, Vincent Pelletier, De la Place Syndic, Bouuot, Broutesauge Docteur & Chanoine Theologal, Despruets Docteur en Theologie, & Chanoine, Iacques Vruoy, Guillaume Vruoy Conseiller au siege de Xaintes, Humeau Docteur en Theologie & Chanoine, Roussselet, Begasseau Greffier dudit Chapitre.

Atteſtation de Meſſieurs du Preſidial de Xaintes.

NOUS ſoubs ſignez Officiers en la Seneſchauſſee de Xaintonge & ſiege Preſidial de Xaintes, certifions au Roy & à Noſſeigneurs de ſon Conſeil, que depuis huict mois que Reuerend Pere M. François Veron, Profeſſeur en Theologie eſt en ceſte Prouince, il a treſdoctement preſché en ceſte ville, & autres lieux de la Xaintonge, principalement contre ceux de la Religion pretendue reformee refutãt puiſſamment leurs erreurs, & vtilemẽt trauaillé à l'edification & confirmation des Catholiques & conuerſion des errans en la foy, par ſes conferences ordinaires, tant auec grand nombre de Miniſtres, en diuers temps & lieux, qu'il a rendu confus & eſtonnez, qu'auec autres particuliers en ceſte prouince; ſans aucũ trouble, deſordre, ne ſcandale; ains au contraire auec toute douceur, modeſtie, zele, & erudition, n'ayãs eu aucune plainte de ces procedez & façons de viure, ny entendu que les Edicts de Pacification, & le bien de la paix ayent eſté alterez en aucune maniere: Iugeans que la forme dont il s'eſt ſeruy en ce pays miserablement infecté d'heresie, & qu'il y a pratiquee, dont nous auons esté spectateurs & auditeurs, est tres-bonne, tres-propre, & tres-necessaire, pour ramener au giron de l'Eglise ceux qui s'en sont desuoyez par le mal-heur des temps: estimans que sa perseuerance, & d'autres gens de pareille suffisance pourroit operer vne entiere conuersiō de ces pays; & pour cela desirerions qu'il y demeurast plus lōg temps. En foy dequoy nous auons signé ces presentes audit Xaintes ce vingt-troisiesme iour de may 1620.

Signé en l'original,

De Montagne Lieutenant General, Moyne Lieutenant Criminel, Blanchard Lieutenant particulier, Gombaud Assesseur Criminel, Humeau Conseiller audit siege, Coudreau Conseiller, Aymar Conseiller & Gardeseaux, Philippier Cōseiller, Franous Conseiller, Vruoy Conseiller clerc audit siege, Du Sault Conseiller, Goy Procureur du Roy.

Attestation de Monseigneur l'Euesque de Xaintes.

MIchel par la grace de Dieu & du S. siege Apostolique Euesque de Xaintes. Nous certifions & attestons par ceste: à tous qu'il appartiendra, que le sieur Veron Prestre & Professeur en Theologie, à demeuré l'espace de huict mois en nostre Diocese: pendant lequel temps il s'est employé continuellement à la predication de la parole de Dieu, à attaquer & combattre l'heresie par Confereces publiques & priuees auec les Ministres & autres de la Religion pretendue reformée, à leur desaduātage, ruine, & confusion, & au grand bien, Instruction, & consolation des Catholitholiques de nostre Diocese, qui l'ont veu, ouy, & entendu, Pour verité dequoy, nous auons signé les presentes de nostre main, & faict contresigner à nostre Secretaire, ce vingt-quatriesme iour du mois de May, 1620.

Signé en l'original, Michel *Euesque Xaintes*, *Et plus bas*, *Par* Mon*seigneur*, Mauchen, *Secretaire*.

Attestation de M*onseigneur de Potouille Lieutenant General pour le Roy.*

NOus René de Riuery, sieur de Potouille, Cheuallier de l'ordre de sainct Iean de Ierusalem, Commandeur de la Cōmanderie d'Oisemont, & Lieutenant General pour le Roy au Gouuernement de Brouage, Certifions à tous qu'il appartiēdra, que depuis quelques mois, auōs veu en ce Gouuernemēt, Monsieur François Verō, Professeur en Theologie, viure auec bonne edification, vie exemplaire, & poussé d'vn zele tres-louable au salut des ames, pour lesquelles il a entrepris diuerses Conferences amiables auec les Ministres de la

Religion pretendue reformee ; ce qui à tousiours reussi a l'aduantage de la religió Catholique Apostolique & romaine, & à la confusion de nos aduersaires ; & le tout s'estre passé sans aucun bruit. En foy de quoy nous auons signé ceste presente Attestation, & icelle faict cacheter du cachet de nos armes, a Broüage le 8. May 1620.

Signé en l'original, Potouille, & plus bas, pa le commendement de Monseigneur,

DE LESSAY.

Fuite honteuse du sieur de Beau-lieu, le plus ancien Ministre de France, & les circonstances d'icelle, contenuës en ces lettre & responce suyuantes : ensemble replique à tout ce qu'il escrit & peut escrire.

Lettre du sieur Veron au sieur de Beau-lieu.

MOnsieur, ie suis venu exprés de de Paris icy pour seruir de secód à Monsieur le Curé de Fresne l'esguillon, qui est venu aussi nó pour autre fin que pour vous offrir le carrel de deffy, & vous sommer de venir sur le champ, deffendre les preuues que vous auez tasché d'alleguer pour la iustification de vostre Cene, comme elle est couchée en vostre Confession de foy en l'article 36. & 37. & en vostre Catechisme Dimanche 51. où vous dites, que *la maniere de receuoir le Corps de Iesus-Christ en la Cene, est par foy*; laquelle vous estimez estre de telle force, que par icelle vous *soyez nourris de la substãce du Corps de Iesus-Christ*. Monsieur le Curé, de sa grace, me communiqua le premier escrit que vous fistes à ses demandes. Luy & moy nous vous representasmes en vne replique, que vous ne iustifiez le point duquel il se traittoit, *par l'Escriture Sainte, ny en termes exprés, ny au defaut de tels termes, par aucune consequēce suffisante pour fonder quelque article de foy*; mais seulement par des consequences *qui auoient 4. defauts*, sçauoir 1. que l'escriture ne nous en asseuroit d'aucune d'icelles, mais l'esprit du Ministre, 2. qu'elles estoient fautifues procedẽtes de l'esprit fautif d'vn hõme: 3. qu'elle n'estoiẽt prise de la seule escriture, mais en partie de la philosophie: 4. que vous ne pouuiez dõner l'escriture pour iuge d'aucune d'icelles, (ny partant de l'Article de foy cõtrouerse, fondé la dessus.) Il y a enuiron 3 mois que ledit sieur Curé par l'entremise de quelques vns de vostre Religiõ demeurans à Fresne (qui luy auoient presenté vostre responce) vous a fait tenir ceste repliq. c'estoit auoir assez de tẽps pour y dupliquer. Vostre duplique veue, ceux qu'auez entremis pour la luy rendre, n'osoiët la luy presenter: mais en fin hier auec vne derniere sommatiõ ils liurerët ceste derniere duplique. Nous l'auons leue, & ny trouuõs vostre susdit article de vostre Cene prouué *par l'escriture S. ny en termes exprés, ny par cõsequëces telles que nous les demandons.* Vous n'osez toutesfois confesser ce manquement, mais par digressiõs diuerses taschez de ietter la poussiere dans les yeux du lecteur. Nous sõmes tous deux icy venus exprés pour vous sommes de la iustification de vostre Religiõ en ce poinct & de vos deux escrits. Il est aysé à noircir plusieurs feuilles de papier qui endure tout, & iamais ny auroit fin aux escritures des hommes: vn homme d'honneur doit deffendre ce qu'il escript, & vn hõme qui a quelque conscience ne doit enseigner par escript ny autrement, principallement en matiere de reformation de religiõ, que ce qu'il peut suffisãmët iustifier. Vostre vieillesse & le long tëps qu'il y a que vous exercez le Ministere, persuadera aysement à vn chacun, que si il y auoit quelque texte en l'escriture, iustificatif de ce point de vostre Religiõ, vous le pourriez alleguer. Si vous fuyez la lice, outre que ceste fuitte sera grandement des-honorable à vostre villesse, elle sera aussi grandement preiudiciable à vostre Religion, car chacũ iugera que c'est faute de textes, que vous n'osez parbistre.

Pour vous prouoquer d'auantage dans ces lices, & vous eslargir le châp, ie conioins à l'escrit de monsieur le Curé, des *Theses generalles addressees à tous les Ministres* (que le S. du Moulin n'a osé accepter: Fuitte honteuse que i'ay imprimee) selō lesquelles *ie maintiens, qus vous ne pouuez prouuer aucū article de vostre reformation pretēdue, par aucū texte de l'escriture S. n'y 1. en termes exprés, ny 2. par consequēces suffisantes, pour fonder quelque article de foy, vous dōnant le chois de tous.* Le camp vous estant si eslargi, ce vous sera vne grāde hōte de n'y oser entrer. Pour les conditions ie les laisse toutes à vostre liberté, & vous dōne la carte blanche. Si vous voulez i'auray tres agreable que M. vostre gendre Ministre de Limay prés Mātes, vous assiste; aussi bien vas-ie l'attaquer demain, & luy presēter le mesme cartel de deffy qu'à vo⁹. Ie vous prie de ne cooperer pas par quelq; aduis secret, à ce qu'il s'enfuie deuant que i'y sois. Apres auoir Presché à Mātes ie proposeray publiquement en ma predication mes cartels de deffy. Vous nommerez pour assistans de ceste charitable Conferēce priuee, qui vous plaira de vostre party: Que la Conference se face au plus tard s'il vous plaist, Lundy matin. Il s'agit du salut des ames d'vn grād nombre de personnes, que vous cōduisez à perditiō. Vostre viellesse vous rend proche de l'enfer, si biē tost vous ne retirez le pied de ce grand precipice. Ie vous coniure deuāt Dieu & ses Anges, d'apprehender ces supplices eternels, qui vous pendent sur la teste: Ie vous offre mon petit seruice pour cooperer a vostre salut, & estre en cela,

Vostre tres-humble seruiteur selon Dieu,
FRANÇOIS VERON.

A ceste attaque si viue, le Ministre respondit, *le sieur Veron ne gaignera rien a nous attaquer*, & refusa la lice. I'ay sa responce signee de sa main: honteuse fuite à raison des circonstances. Ie l'auois conuaincu par mes escrits par *ceste methode nouuelle*, comme ie diray plus amplement cy-apres, comme i'ay conuaincu Chorin en nostre Conference de Mante.

Les fuites de du Moulin ont esté si frequentes, que i'en ay remply trois cayers entiers que i'ay imprimez, ses Collegues font le mesme. Ie ne pourray les faire entrer au combat qu'allant au Presche, leur presentant vn cartel amiable, ce que i'espere faire, comme i'ay faict au Xaintonge. I'imprime pour la mesme fin vn cartel de deffy que ie presente aux pieds du Roy. I'espere que ces hontes publiques engageront ces fuyards au combat.

www.ingramcontent.com/pod-product-compliance
Ingram Content Group UK Ltd.
Pitfield, Milton Keynes, MK11 3LW, UK
UKHW021032260726
13994UKWH00005B/2091